A mis egiptólogas favoritas,
Nina y Marie.

T. F.

Título original: *Mummies Unwrapped*
Publicado por acuerdo con Nosy Crow ® Limited
en colaboración con el British Museum

1.ª edición: octubre de 2022
© Del texto: Nosy Crow Ltd., 2021
© De las ilustraciones: Tom Froese, 2021
© De la traducción: Adolfo Muñoz, 2022
© Grupo Anaya, S. A., 2022
Juan Ignacio Luca de Tena, 15. 28027 Madrid
www.anayainfantilyjuvenil.com

PAPEL DE FIBRA
CERTIFICADA

ISBN: 978-84-698-8879-7
Depósito legal: M-19678-2022
Impreso en España - Printed in Spain

Momias al descubierto

¿Qué es una momia? 6

¿Cómo se hacían las momias? 8

¿Qué les sucedía a los órganos? 10

¿Cómo reconstruían la momia? 12

¿Cómo envolvían las momias? 14

¿Cómo enterraban las momias? 16

¿Qué ocurría en un funeral? 18

¿Qué les pasaba después a las momias? 20

¿Y las momias de animales qué? 22

¿Qué pasaba cuando se descubría una momia? 24

¿Cuáles son las momias más famosas? 26

Glosario 28

Índice temático 29

¿Qué es una momia?

Hace más de 5 000 años, nació en Egipto, en el norte de África, la famosa civilización de los faraones. Los egipcios creían en la vida después de la muerte y pensaban que si se conservaban y cuidaban los cadáveres, los espíritus vivirían una vida eterna. A esos cadáveres conservados los llamamos… ¡momias!

La palabra momia viene de la palabra persa *mumiya*, que significa bitumen (un líquido negro y pegajoso semejante a la brea). Cuando, hace cientos de años, se descubrieron los primeros cuerpos conservados, a menudo parecían cubiertos de bitumen, y por eso se los llamó momias. Hoy día, el proceso completo de conservación del cadáver se conoce como momificación o embalsamamiento.

Los antiguos egipcios creían que toda persona tenía tres espíritus que sobrevivían tras la muerte:

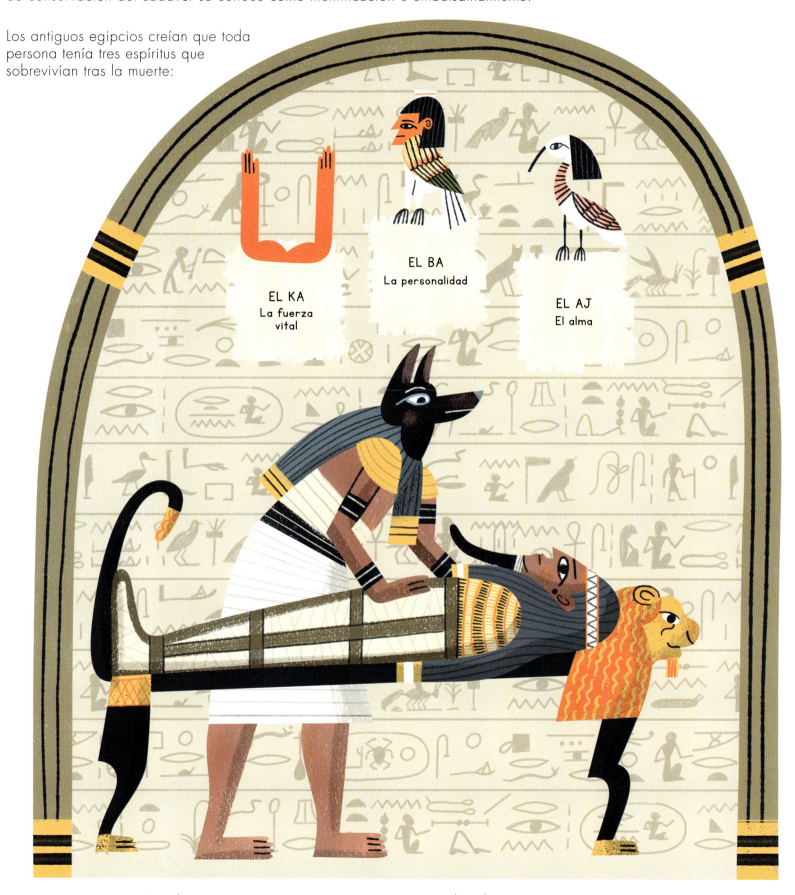

EL KA
La fuerza vital

EL BA
La personalidad

EL AJ
El alma

Para los egipcios era muy importante proteger el cadáver porque estos tres espíritus residían en él. Creían que los espíritus necesitaban reconocer el cuerpo después de la muerte para poder vivir eternamente.

¿Cómo se hacían las momias?

Los egipcios normales y corrientes también mandaban momificar su cadáver, pero era un proceso muy complicado y caro. Solo los ricos y la realeza podían permitirse las mejores calidades.

Los cadáveres empiezan a pudrirse muy pronto, y más bajo el sol abrasador de Egipto, así que los embalsamadores tenían que empezar a trabajar cuanto antes. Del proceso se encargaba todo un equipo de embalsamadores, ¡y les llevaba mucho tiempo!

Primero cogían el cadáver y lo llevaban a una «tienda de purificación» llamada *ibu*. Se trataba de una tienda hecha de juncos y esterilla, que normalmente se encontraba cerca del río Nilo para poder emplear agua fresca. En la tienda, los embalsamadores eliminaban cualquier líquido que quedara en el cuerpo, como la sangre, antes de lavarlo con agua y natrón (una especie de sal).

Una vez limpio, el cadáver era conducido al taller del embalsamador, llamado *wabet*.

Te presentamos a los embalsamadores:

Al mando estaba el
MAESTRO DE LOS SECRETOS.
Se piensa que llevaba puesta
la máscara del dios Anubis,
que fue el primero en
realizar una momificación.

Utensilios de un embalsamador

LINO
Para hacer
vendas

**CUCHILLO
ESPECIAL
DE SÍLEX**
Para abrir
el cadáver

NATRÓN
Una sal natural que
absorbe la humedad
y descompone
la grasa

EMBUDO
Para inyectar resina
en el cráneo por los
agujeros de la nariz

RESINA
Para cubrir el cadáver
después de rellenarlo

**ACEITES
Y PERFUMES**
Para que la piel
huela mejor

VINO DE PALMA
Para limpiar
el cadáver después
de extraer
los órganos

**SERRÍN, ARENA
Y BARRO**
Para rellenar
el cadáver

El CORTADOR hacía una incisión en
la línea y extraía los órganos internos.
Nada más hacerlo, salía corriendo
del taller, y otros lo perseguían
tirándole piedras.

El SACERDOTE
leía sortilegios
y textos sagrados.

El MARCADOR
trazaba una línea
por el lado izquierdo
del abdomen.

El ENCURTIDOR
conservaba
los órganos.

9

¿Qué les sucedía a los órganos?

Los egipcios pensaban que era importante cuidar los órganos internos. Con mucho cuidado, dejaban el corazón en su lugar, porque pensaban que el muerto lo volvería a necesitar en la otra vida.

Los demás órganos principales se extraían por una incisión en el abdomen y se guardaban en los vasos canopos. Uno de los embalsamadores ¡metía la mano dentro del cuerpo para arrancar los órganos!

El ESTÓMAGO se guardaba en un vaso que tenía la cabeza de DUAMUTEF, el chacal.

Los INTESTINOS se guardaban en un vaso con la cabeza de QEBEHSENUF, el halcón.

Los PULMONES se guardaban en un vaso con la cabeza de HAPI, el babuino.

El HÍGADO se guardaba en un vaso con la cabeza de AMSET, el humano.

Existían vasos canopos de todo tipo de diseños y de distintos materiales. Normalmente cada vaso tenía una tapa con la cabeza de uno de los cuatro hijos de Horus, un importante dios egipcio.

Para impedir que los órganos se pudrieran, los sumergían en natrón. Cuando ya no les quedaba nada de agua, los recubrían con resina, los envolvían en lino y los colocaban dentro de un vaso canopo con la tapa bien cerrada.

Entonces guardaban los vasos en una caja canópica, que se colocaba dentro de la tumba, junto a la momia. Si el cadáver era de una persona rica o de familia real, cada fardo con su órgano podía colocarse en su propio ataúd, ¡como si fuera una pequeña momia!

Sin embargo, a los egipcios no les preocupaban todos los órganos... ¡De hecho, destruían el cerebro! Para proteger la forma de la cabeza, los embalsamadores utilizaban un gancho largo de hierro, con el que llegaban al cerebro a través de la nariz, lo deshacían y lo sacaban a cachitos por la nariz. Otras veces, lo sacaban por la parte de atrás de la cabeza.

Las momias más baratas se hacían inyectando en el cadáver aceite de cedro. Eso licuaba los interiores, ¡que después salían por el trasero!

El cadáver vaciado se lavaba con vino de palma y especias. Esta parte normalmente se hacía muy aprisa, pero la siguiente requería mucho más tiempo...

¿Cómo reconstruían la momia?

Entonces había que secar el cadáver completamente. Para eso, lo cubrían con montones de natrón, que también metían dentro del cuerpo, en paquetitos de lino.

Después de unos 35 días, la piel se encontraría dura y arrugada, algo así como cuero extendido sobre el esqueleto. Y el cuerpo pesaría la mitad que antes.

El paso siguiente consistía en darle a la momia toda la belleza posible y un aspecto semejante al que tenía en vida.

Para ablandar la piel, se echaba por dentro y por fuera cera de abeja y grasas animales.
Para que la momia oliera mejor, los embalsamadores masajeaban la piel con aceites aromáticos, como el de incienso o el de mirra.

El objetivo era que la momia oliera como un dios.

A continuación, los embalsamadores rellenaban el cadáver con rollos de lino, serrín, barro y plantas secas. Para abultar las partes más consumidas, metían relleno por unos pequeños cortes y alisaban la superficie. Se tomaban especialmente en serio el relleno de la cara, pero a veces abultaban tanto los mofletes… ¡que explotaban!

¡Pifias momiles!

La momificación no siempre salía como estaba prevista. Si faltaba alguna parte del cuerpo, ya fuera por herida o por enfermedad, o porque se hubiera perdido en el proceso, ¡algunos embalsamadores reconstruían lo que faltaba con madera o con lino!

Para conseguir que la momia pareciera más viva, se le ponían ojos falsos hechos de piedra, cristal coloreado ¡y hasta cebollas!

Las momias más sofisticadas tenían uñas de oro en las manos y los pies, peluca, maquillaje, ropa y joyas.

¿Cómo envolvían las momias?

Cuando la momia ya tenía el mejor aspecto posible, la envolvían.
Eso protegía el cuerpo, tanto física como espiritualmente, en su viaje
a la vida de ultratumba. Durante este proceso, un sacerdote leía
sortilegios para sumar más protecciones.

Las vendas se hacían normalmente de lino. Para las momias importantes empleaban telas que se habían usado en ceremonias religiosas, pero para los pobres utilizaban telas viejas, como sábanas. Esas telas se rasgaban en tiras largas y delgadas para formar las vendas.

La técnica más común consistía en empezar envolviendo la cabeza, luego los brazos y las piernas por separado, y después el cuerpo entero.

¡Pifias momiles!

Algunas momias las envolvían al revés, o terminaban bocabajo o con una máscara en los pies. ¡Una vez se encontró una momia que contenía ratoncitos y lagartos entre la tela!

El lino se empapaba en aceite o resina para pegar las vendas unas a otras, y se metían almohadillas de lino entre las capas para dejar la momia más rellenita. Las momias se envolvían en unas veinte capas, así que las tenían que levantar muchas veces y darles un montón de vueltas. ¡Se podía tardar hasta treinta días en terminar las más complicadas!

Cuando la momia estaba completamente vendada, se la envolvía en una tela rectangular llamada sudario, que se fijaba al cuerpo con más lino. Algunas momias terminaban envueltas con 375 metros de lino...

¡... eso es el largo de cuatro campos de fútbol!

15

¿Cómo enterraban las momias?

Después la momia requería unos toques finales. ¡No estaba terminada hasta que le ponían una máscara, por supuesto! Eso lo hacían para que se pudiera reconocer a la persona en la otra vida, aunque la cara no siempre era realista. Pintaban la máscara para darle un aire joven, lozano y hermoso.

Las máscaras solían hacerse de cartonaje (capas de lino empapadas en goma y yeso). El cartonaje era parecido al papel maché: cuando estaba húmedo se le podía dar forma, y cuando se había secado se podía pintar. También había máscaras hechas de oro, o recubiertas de pan de oro, o pintadas de amarillo para que parecieran de oro.

A la momia le ponían joyas de oro para dejar claro que era alguien rico, y entre las vendas metían unos pequeños amuletos que les otorgaban aún mayor protección.

ESCARABAJO
Para proteger
el corazón

REPOSACABEZAS
Para mantener
la cabeza unida
al cuerpo

TYET
Isis, para
proteger
el cuello

PILAR DYED
Osiris, símbolo
de estabilidad

SHEN
Representa
la eternidad

**COLUMNA
PAPIRIFORME**
Para conservar
la fuerza de las
extremidades

HALCÓN
Representa
a Horus

UDYAT
Ojo de Horus,
un símbolo de curación

Los egipcios pensaban que también era importante el contenedor en que se enterraba. Los pobres tenían un ataúd de madera sencillo, pero los egipcios muy ricos tenían varios ataúdes en forma humana que encajaban uno dentro del otro, y el de más adentro ¡incluso podía ser de oro macizo!

Había ataúdes de todas las formas y tamaños, y la mayoría estaban decorados con sortilegios y pinturas que se creía los ayudarían en la vida de ultratumba.

¿Qué ocurría en un funeral?

Al cabo de setenta días, la momia ya estaba lista, y había una procesión funeral para conducir el cadáver hasta su tumba. Aquel era un lugar de descanso para la momia, y también un sitio al que podían ir los vivos a dejar mensajes para el otro mundo.

A los pobres se los enterraba en tumbas sencillas en el desierto, pero las tumbas de la familia real tenían que durar eternamente, y por eso se hacían de piedra. Las gigantescas pirámides eran en realidad la tumba… ¡de solo un faraón!

En una procesión funeral, el ataúd se colocaba en una barca y se arrastraba con un trineo. Los sacerdotes iban al frente de la procesión, quemando incienso y recitando sortilegios. Un grupo de plañideras seguía al ataúd cantando canciones tristes, profiriendo lamentos y golpeándose el cuerpo para mostrar su dolor.

Los criados llevaban todas las cosas que se pensaba que el muerto necesitaría en la otra vida: muebles, ropas, joyas, instrumentos musicales, ¡hasta carros de guerra! Todo eso eran los bienes de la tumba. Los egipcios ricos incluso tenían unas figuras en forma de momias pequeñas que se llamaban *shabtis* y que les servirían de criados.

Cuando la procesión llegaba a la tumba, ponían a la momia de pie y un sacerdote llevaba a cabo una ceremonia especial llamada «apertura de la boca».

En esa ceremonia, el sacerdote usaba un instrumento sagrado para tocar la boca de la máscara de la momia. Eso despertaría sus sentidos, de manera que podría respirar, ver, oír, hablar y paladear. Después, el ataúd se metía en la tumba o pirámide y se colocaba dentro de otro ataúd de piedra llamado sarcófago. Este solía tener un par de ojos pintados o tallados en un lateral, para que la momia pudiera ver el camino a la otra vida.

¿Qué les pasaba después a las momias?

Muchas tumbas constaban de dos partes: una cámara funeraria para la momia y una estancia para que la gente dejara sus ofrendas. La familia tenía el deber de llevar eternamente comida y bebida a la tumba para el espíritu de la momia, pero, por si eso no sucedía, las paredes de la tumba estaban pintadas con sortilegios que servirían para alimentarla.

De camino a la otra vida, la momia tenía que pasar por la ceremonia del «pesaje del corazón». Creían que Anubis, el dios con cabeza de chacal, pondría en un plato de la balanza el corazón, y en el otro la «pluma de la verdad». Si el corazón pesaba más, se lo comería un hipopótamo-león-cocodrilo, pero si era más ligero, la momia podría seguir su camino.

Cuando la momia estaba ya dentro de la tumba, se suponía que la cámara funeraria quedaba cerrada eternamente, pero no siempre sucedía así...

Las tumbas han sido a menudo violadas por los ladrones debido a las riquezas que acompañaban a las momias. Incluso el lino y el cristal se podían robar y vender por bastante dinero.

Los ladrones abrían túneles en la piedra, quemaban los ataúdes y desgarraban las vendas de las momias para llevarse los tesoros escondidos dentro.

¿Y las momias de animales qué?

Los egipcios usaban los animales para cazar, los tenían de mascota, se los comían y también los consideraban mensajeros de los dioses, pero… ¿para qué los momificaban?

Las mascotas se momificaban a veces al mismo tiempo que su dueño para que pudieran seguir juntos en la otra vida. Perros, gatos, gacelas, monos…, cada animal era cuidadosamente embalsamado y se lo colocaba en su propio ataúd de madera, ¡estuviera dispuesto a irse o no!

PERRO

BABUINO

IBIS

GATOS

COCODRILO

VACA

A veces también momificaban otros animales para que el muerto pudiera comérselos en el más allá. Ocas, patos, pichones y trozos de carne eran embalsamados y colocados en una caja especial de almuerzo.

ESCARABAJO

MUSARAÑA

PAN

CERVEZA

PESCADO

HIGOS

CARNE

Los egipcios creían que los animales (ya fuera como plenos animales o como humanos con cabeza de animal) representaban a los dioses.

Creían que algunos animales muy poderosos, como el buey Apis, tenían poderes especiales, así que los trataban como dioses. Vivían en templos, cuidados por sacerdotes, y cuando el buey moría, lo momificaban y lo llevaban en una solemne procesión funeraria… ¡como si se tratara de un rey! Se han encontrado momias de buey con máscara y herraduras de oro macizo.

A menudo llevaban los animales momificados a los templos como regalo a los dioses. Eso es lo que se llama «ofrenda votiva». Las momias de gato se entregaban a la diosa Bastet, representada por una gata. Los que hacían el regalo creían que la ofrenda los acercaría a la diosa. ¡Algunas tumbas tenían salas con millones de momias!

¡Pifias momiles!

Las momias animales no siempre eran lo que parecían… Algunos vendían momias falsas que se usaban como ofrendas votivas. A veces esas momias ni siquiera tenían un animal dentro, sino solo arena, barro, palos, plumas o harapos, ¡o bien contenían trozos de varios animales mezclados!

¿Qué pasaba cuando se descubría una momia?

Miles de años después, los europeos empezaron a interesarse por las momias.

Durante la Edad Media, se creía que el bitumen empleado en embalsamar tenía poderes mágicos de curación. Así que se empezó a desenterrar momias que se molían hasta convertirlas en polvo y se vendían como medicina. El rey francés Francisco I llevaba siempre consigo un paquete de momia molida ¡por si necesitaba una cura urgente!

En el siglo XVI, se exportaba tanto polvo de momia a Europa que Egipto empezó a producir momias falsas usando cadáveres recientes.

Pero en el siglo XIX se empezó a comprender que las momias no tenían verdaderas virtudes medicinales…

Sin embargo, se puso de moda entre los europeos ricos viajar a Egipto ¡para traerse momias de recuerdo! En la Inglaterra victoriana se vendían entradas para fiestas de «desenvolvimiento de una momia», en las que el público se interesaba, sobre todo, por los misteriosos amuletos mágicos.

Si hoy día sabemos tanto sobre las momias es porque no han permanecido en sus tumbas. Pero ahora, cuando se encuentra una nueva momia, es muy raro que sea desenvuelta. En su lugar, los expertos usan tecnología como rayos X y tomografía axial computarizada para estudiar la momia sin destrozarla.

¡A veces resultaba que las momias no tenían nada de antiguas! En aquella época, también se usaban las momias como:

PAPEL
Un carnicero de Estados Unidos usó vendas de momia para envolver la carne… hasta que se le acusó de un brote de cólera.

FERTILIZANTE
Muchas momias de gato se mandaron en barco a Inglaterra, donde se molían para usarlas como fertilizante para plantas.

PINTURA
Los restos de las momias molidas se empleaban para hacer un pigmento llamado «marrón momia». ¡Los fabricantes de pigmentos siguieron fabricándolo hasta los años 60 del siglo pasado!

MARRÓN MOMIA
HECHO DE MOMIAS AUTÉNTICAS

LEÑA
Las momias se usaron como combustible: los ladrones de tumbas a veces arrancaban un brazo o una pierna para usarla como antorcha.

¿Cuáles son las momias más famosas?

A finales del siglo XIX, la gente empezó a creerse historias de terror sobre antiguas momias que revivían. Luego, en 1922, el arqueólogo Howard Carter descubrió la tumba inviolada de un faraón. Estaba todavía sellada, ¡así que nadie sabía lo que había dentro!

Años después, Carter y su equipo consiguieron llegar a la cámara funeraria... En ella encontraron la tumba de Tutankamón, un faraón joven que reinó en Egipto hace miles de años. La momia no se hallaba en buenas condiciones, pero la tumba de Tutankamón contenía uno de los mayores tesoros jamás encontrados.

Un rico aristócrata que había ayudado a Carter, lord Carnarvon, murió de la picadura de un mosquito poco después de la apertura de la tumba, lo cual hizo creer a la gente en la maldición de la momia...

La de Tutankamón puede que sea la momia más famosa, pero no es la única que cuenta con una historia interesante. Aquí tienes algunas de las momias egipcias más conocidas que se encuentran expuestas en museos de todo el mundo:

SETI I

La momia del faraón Seti I había sido extraída de su ornamentada tumba y escondida para proteger sus restos. Cuando por fin se descubrió, su cuerpo estaba estropeado por los ladrones de tumbas, pero la cara permanecía intacta.

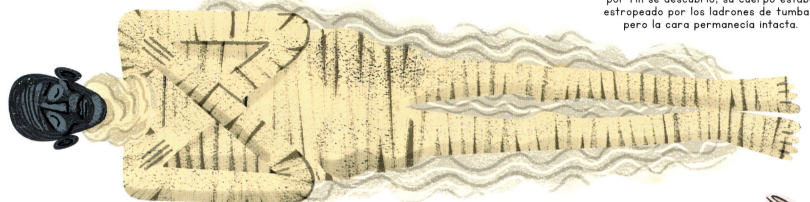

HOMBRE DE GEBELEIN

Una de las momias egipcias más antiguas era un hombre de Gebelein, que tenía un llamativo pelo rojizo. Murió hacia el 3400 a. C., antes de que los egipcios empezaran a momificar a sus muertos, y la arena caliente secó de manera natural su cuerpo.

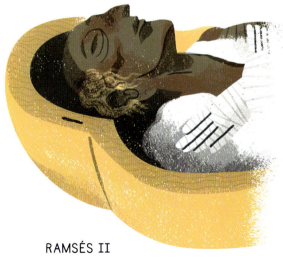

LA MOMIA DE LA MALA SUERTE

La «momia de la mala suerte» no es, en realidad, ninguna momia. Es una tabla pintada que se supone estaría colocada sobre la momia real. Se dice que hay una maldición en torno a ella que acarrea mala suerte a sus propietarios, ¡y hay quien piensa que causó el hundimiento del Titanic!

KATEBET

Katebet estaba muy cuidadosamente envuelta por fuera, ¡pero tenía el cuerpo relleno de barro!

RAMSÉS II

La momia del poderoso faraón Ramsés II fue descubierta en 1881 en la misma tumba secreta que Seti I. Casi un siglo después, los arqueólogos vieron que la momia se hallaba en muy malas condiciones, así que se la llevaron en avión a París para que recibiera un tratamiento especial. Antes del viaje se le expidió un pasaporte egipcio que especificaba: «Rey (fallecido)».

Glosario

AMULETO: Una joya o pequeño objeto que se suponía protegía del mal o del peligro.

ARQUEÓLOGO: Alguien que estudia la historia o prehistoria excavando y examinando objetos históricos.

ATAÚD: Caja en la que se guarda un cadáver.

CARRO DE GUERRA: Antiguo vehículo de dos ruedas, tirado por caballos.

CARTONAJE: Un material que se hacía con capas de lino empapadas en goma y yeso.

CIVILIZACIÓN: Un gran conjunto bien organizado de personas que viven en el mismo lugar, con su propia lengua y estilo de vida.

CÓLERA: Una enfermedad del intestino delgado.

EDAD MEDIA: Periodo de la historia europea entre la Edad Antigua y la Edad Moderna, aproximadamente entre el año 500 y el 1500.

EMBALSAMAR: Emplear sal u otros productos químicos para evitar la pudrición de un cadáver.

ETERNIDAD: Vida sin final.

FARAÓN: Rey o gobernante de Egipto.

FERTILIZANTE: Sustancia que se añade a la tierra para ayudar al crecimiento de las plantas.

IBU: Una «tienda de purificación» especial donde se limpiaban los cadáveres.

INCIENSO: Sustancia que se quema para dar un olor agradable.

LINO: Una tela ligera y fresca que se hace con el tallo de una planta.

MOMIFICACIÓN: Antiguo método egipcio para conservar cadáveres convirtiéndolos en momias.

NATRÓN: Un tipo de sal usado para secar los cadáveres como parte del proceso de embalsamado y momificación.

NILO: El río más largo del mundo, que riega Egipto.

OFRENDA: Regalo que se hace a los dioses.

ÓRGANO: Una parte del cuerpo humano, con una misión que cumplir.

PERSA: Una lengua hablada en Persia, que es el país que ahora se llama Irán.

PIRÁMIDE: Una enorme tumba de piedra construida para un faraón.

PLAÑIDERAS: Mujeres que asistían a un funeral con el encargo de llorar al muerto.

RAYOS X: Potentes ondas de energía que pueden ofrecer imágenes del interior de un objeto o persona.

RESINA: Líquido espeso que sale de los árboles.

SAGRADO: Santo, relacionado con una divinidad.

SARCÓFAGO: Ataúd de piedra.

SHABTI: Una pequeña figura de forma humana que representaba a un criado.

SÍLEX: Un tipo de piedra muy dura.

TEMPLO: Un edificio destinado a las ceremonias religiosas y a la adoración de los dioses.

TOMOGRAFÍA AXIAL COMPUTARIZADA: Un tipo de rayos X que ofrece imágenes muy detalladas del interior de un objeto o persona.

TUMBA: Lugar para enterrar a un muerto, ya sea bajo tierra o en una construcción especial.

VASOS CANOPOS: Cuatro recipientes especiales donde se guardaban el hígado, los pulmones, los intestinos y el estómago del cadáver, y que eran enterrados junto a la momia.

VICTORIANO: Perteneciente a la Inglaterra de la época de la reina Victoria (1837-1901).

VIDA DE ULTRATUMBA: También llamada la otra vida, o vida en el más allá. Se refiere a la posible vida después de la muerte.

WABET: Taller del embalsamador.

Índice temático

A
ACEITE DE CEDRO, 11
AJ, 7
AMULETO, 17, 25
ANIMALES, 22–23
ANUBIS, 8, 20
APERTURA DE LA BOCA, 19
ARQUEÓLOGO, 24–25, 26, 27
ATAÚD, 11, 17, 18, 19, 21, 22

B
BA, 7
BITUMEN, 7, 24

C
CARTONAJE, 16
CEREMONIAS, 15, 19, 20
COMIDA, 20, 22
CORTADOR, 9
CRIADOS, 19

D
DESCUBRIMIENTOS, 24–25
DIOSES, 8, 10, 12, 17, 20, 23

E
EDAD MEDIA, 24
EMBALSAMADORES 8-9, 10
ENCURTIDOR, 9
ENTERRAMIENTO, 16 17, 18 19, 20
ENVOLTORIO, 14–15, 17, 21, 25
ESCRIBA, 9
ESPÍRITUS, 7, 20

F
FALSIFICACIONES, 13, 23, 25
FAMILIA REAL, 8, 11, 18, 26, 27
FARAONES, 26, 27
FIESTAS DE «DESENVOLVIMIENTO DE UNA MOMIA», 25
FUNERAL, 18–19, 23

G
GATOS, 23

H
HOMBRE DE GEBELEIN, 27
HOWARD CARTER, 26

I
IBU, 8

J
JOYERÍA, 15, 17

K
KA, 7
KATEBET, 27

L
LADRONES DE TUMBAS, 21, 25, 27
LINO, 9, 11, 12, 13, 15, 16, 21, 25
LORD CARNARVON, 26

M
MALDICIÓN, 26
MARRÓN MOMIA, 25
MÁSCARA, 16, 19
MASCOTAS, 22
MEDICINA, 24, 25
MOMIA DE LA MALA SUERTE, 27
MOMIAS FAMOSAS, 26-27
MUSEOS, 27

N
NATRÓN, 8, 9, 11, 12
NILO, 8

O
OFRENDAS, 20, 23
ÓRGANOS, 9, 10–11
ORO, 13, 16, 17, 23

P
PESAJE DE LA PLUMA, 20
PIFIAS MOMILES, 13, 15, 23,
PINTURA, 16, 25
PIRÁMIDES, 18
PLAÑIDERAS, 18
PLUMA DE LA VERDAD, 20

R
RAMSÉS II, 27
RESINA, 9, 11, 15

S
SACERDOTE, 9, 14, 18, 23
SARCÓFAGO, 19
SETI I, 27
SHABTIS, 19
SORTILEGIOS, 9, 14, 17, 18, 20

T
TECNOLOGÍA, 25
TUMBA, 11, 18–19, 20, 26
TUTANKAMÓN, 26, 27

U
ULTRATUMBA, 6, 10, 14, 16, 19, 22

V
VASOS CANOPOS, 10
VICTORIANO, 25
VINO DE PALMA, 9, 11

W
WABET, 8